AF454971

ACTE II, SCÈNE XV.

LA COMTESSE DU TONNEAU,

OU

LES DEUX COUSINES,

COMÉDIE-VAUDEVILLE EN DEUX ACTES,

Par M. Théaulon,

REPRÉSENTÉE POUR LA PREMIÈRE FOIS, SUR LE THÉATRE DU PALAIS-ROYAL, LE 13 AVRIL 1837.

PERSONNAGES.	*ACTEURS.*	*PERSONNAGES.*	*ACTEURS.*
JEANNETON, ravaudeuse	Mlle DEJAZET.	JOLI-COEUR	M. LEMEUNIER.
LA COMTESSE DUBARRY	Mme WILMEN.	UN SERGENT	M. MASSON.
Mme DE SAINT-YON, dame de la cour	Mme THÉODORE.	FRANCHIN, concierge d'un hôtel	M. BARTHELEMY.
LE VICOMTE DE LAUZUN	M. GERMAIN.	UN DOMINO ROSE	M. GABRIEL.
LE CHEVALIER DE St-VALLIER	M. FRAUGÈRES.	COURTISANS.	
L'ESPÉRANCE, soldat aux gardes françaises	M. LEMESNIL.	UN VALET.	
		DAMES ET SEIGNEURS DE LA COUR.	
		HOMMES ET FEMMES DU PEUPLE.	

La scène se passe à Paris, en 1765.

ACTE PREMIER.

Le théâtre représente une rue. Au fond, la grille d'un hôtel. A droite, premier plan, une muraille contre laquelle es un tonneau de ravaudeuse.

SCENE PREMIERE.

LE VICOMTE, *enveloppé dans un manteau, à la cantonnade.*

Lafleur, que ma chaise m'attende au bout de la rue.... Il est grand jour, et le pharaon dure encore à l'hôtel de Grammont.... Ah! ah! Mlle Jeanneton n'est point encore arrivée. J'aurais cru que sa journée commençait plus matin... Allons, un peu de patience, et surtout tâchons que personne ne m'aperçoive.... on rirait trop, si l'on pouvait se douter que moi, vicomte de Lauzun... je suis, ici, depuis une heure, attendant l'ouverture (*il montre le ton-*

neau) de ce magasin... somptueux. Il y aurait de quoi me tuer de ridicule; en France, et surtout à Paris, c'est une arme qui ne manque jamais son coup.

AIR *du Dieu des Bonnes gens.*

Au champ d'honneur, pendant une bataille,
Où la gloire nous fait courir...
Est-on frappé de la mitraille,
Parfois on peut en revenir...
Mais dans nos salons où circule
La gaîté si chère aux Français,
Est-on frappé d'un ridicule...
On n'en revient jamais!

SCENE II.

LE VICOMTE, FRANCHIN.

FRANCHIN, *ouvrant la grille de l'hôtel.* Huit heures et quart! et Mme Dubarry a fait dire qu'elle serait chez nous aujourd'hui à dix heures... comment son carrosse va-t-il arriver jusqu'ici? ces maudits paveurs ont bouleversé notre rue de Surêne.

LE VICOMTE. Mais je reconnais ce vieux concierge... oui, c'est mon ancien cocher, Franchin, qui me versait si souvent... le drôle a de l'intelligence; il peut m'apprendre ce que je désire savoir. (*Haut.*) C'est vous, mon cher Franchin?

FRANCHIN. Monsieur le vicomte de Lauzun, mon ancien maître...

LE VICOMTE. Te voilà donc concierge de l'hôtel de Saint-Yon?

FRANCHIN. Concierge! non..... mais suisse, monsieur le vicomte... pour vous servir, si j'en étais capable.

LE VICOMTE. C'est justement ce que je veux.

AIR : *Des œuvres complètes.*

Tu n'auras à ton ancien maître
Rien à refuser, je le croi...
Tu sais que j'aime à reconnaître
Tous les soins que l'on prend pour moi.

FRANCHIN.

Si j'puis vous rendre un bon office,
Que mon zèle soit employé...
Quoique vous m'ayez renvoyé...
Je suis bien à votre service.

LE VICOMTE. Tu dois connaître la personne qui habite ce modeste domicile.

(Il montre le tonneau.)

FRANCHIN. Mlle Jeanneton! je luis dis bonjour, tous les matins, en ouvrant les portes de mon hôtel... et je suis étonné qu'elle ne soit pas déjà là... une jolie fille, ma foi!..

LE VICOMTE. J'ai d'aussi bons yeux que toi, je pense... Et de la vertu?

FRANCHIN. Ça tient du prodige!.. ajoutez à cela de l'esprit, de la malice et une certaine fierté qui ne s'accorde guère avec sa condition.

LE VICOMTE. Et, dis-moi, le bruit qui court sur elle est-il fondé?

FRANCHIN. Quel bruit?

LE VICOMTE. Lafleur, mon valet de pied, m'a dit hier au soir qu'on lui avait assuré dans le quartier que cette Mlle Jeanneton était la cousine de la Dubarry, notre quasi-reine!..

FRANCHIN. Cela se dit... mais tout bas... bien bas... à cause du danger qu'il peut y avoir... vous comprenez?..

LE VICOMTE. Ah! c'est donc un bruit réel... une croyance populaire bien établie?..

FRANCHIN. C'est du moins un commérage du quartier... S'il faut en croire les on dit... Mlle Jeannette aurait confié ce secret à un garde-française.... ce garde française l'aurait répété.... dans le cabaret voisin... qui a justement pour enseigne : *Au Temple de la vérité.*

LE VICOMTE. Ah! cela ne serait pas, que ce bruit me suffirait encore!.. Mais cela doit être, Franchin... il faut que cela soit. C'est mon heureuse étoile qui m'a fait jeter les yeux sur cette petite ravaudeuse.

FRANCHIN. M. le vicomte serait amoureux de Mlle Jeanneton?

LE VICOMTE. Amoureux!.. j'ai bien le temps de l'être!.. je suis offensé!.. je suis furieux, Franchin... voilà tout ce que je suis pour le moment.

FRANCHIN. Furieux! et contre qui, monsieur le vicomte?

LE VICOMTE. Contre qui? contre l'idole du jour.

FRANCHIN. Contre Mme Dubarry... mais, en effet, vous devez l'être... si ce qu'on a dit, hier, dans le noble hôtel de Saint-Yon...

LE VICOMTE. Et que disait-on, Franchin?

FRANCHIN. Vous savez que la loge d'un concierge est comme l'écho... des salons d'une grande maison... on disait donc, dans ma loge, et l'on avait sans doute dit chez madame la marquise, que monsieur le vicomte avait vu son hommage dédaigné... par la belle Mme Dubarry... mais dam, aussi! s'attaquer à un roi...

LE VICOMTE. Voilà bien nos courtisans!.. parce que je poursuis la belle Dubarry de mes épigrammes, ils ont supposé que j'avais été dédaigné par elle et que je cherchais tous les moyens de m'en venger.... Je la hais, c'est vrai, très-cordialement même... mais le motif de ma haine est plus grave qu'un caprice dédaigné.

FRANCHIN. Je vous crois... car on disait aussi chez moi... et l'on avait dit probabiement chez madame... que c'est elle seule qui vous a empêché d'être compris dans la dernière promotion des maréchaux-de camp.

LE VICOMTE. Et l'on ajoutait sans doute que Mme Dubarry avait dit, en déchirant mon brevet qui était sur le bureau du roi : « Ah ! pour M. de Lauzun... c'est un brave qui sait mieux manier l'épigramme que l'épée ! »

FRANCHIN. Elle a dit cela ?

LE VICOMTE. Elle l'a dit, Franchin ! et que n'est-elle un homme ?.. je lui prouverais... oh ! mais je me vengerai... je me vengerai... et c'est pour m'aider dans ma vengeance que j'ai jeté les yeux sur la cousine de Jeanne Vaubernier... conçois-tu tout le piquant de cette aventure ?.. Si je pouvais opposer à l'altière Dubarry sa cousine la ravaudeuse... ce serait à faire mourir de dépit notre favorite.

FRANCHIN. Oui... ce serait d'un piquant... à vous faire mettre à la Bastille.

LE VICOMTE. Eh ! qu'importe ! pourvu que je me venge... et que j'humilie un jour... un seul jour.... cette reine de France sans couronne... devant le luxe de Jeanneton.

FRANCHIN. Le projet est digne d'un dissipateur comme vous.

LE VICOMTE. Cent louis pour toi, Franchin, si tu peux lui faire accepter ma proposition.

FRANCHIN. Cent louis ! c'est encore digne de vous !.. mais il y a peut-être ici deux obstacles...

LE VICOMTE. Le premier, Franchin ?

FRANCHIN. C'est la vertu de cette jeune fille.

LE VICOMTE. Le second ?

FRANCHIN. C'est pis encore... l'amoureux de Mlle Jeanneton... car il y a un amoureux...

LE VICOMTE. Je m'en doutais bien... il y en a partout... mais peut-être avec de l'or...

FRANCHIN. L'or fait de grands miracles. Cependant cet amoureux va peut-être, demain, se transformer en mari légitime, et alors vous comprenez...

(Ritournelle.)

LE VICOMTE. Qu'entends-je ?

FRANCHIN. C'est Mlle Jeanneton qui vient à son magasin.

LE VICOMTE. Dieu me pardonne ! je crois qu'elle pleure ?

FRANCHIN. Elle qui rit toujours !.. Y aurait-il de la brouille dans le ménage ?

LE VICOMTE. Il faut l'observer.

FRANCHIN. Venez... de cet hôtel on entend tout ce qui se dit chez ma jolie voisine.

LE VICOMTE. A merveille !

(Il entrent dans l'hôtel de Saint-Yon.)

SCENE III.

JEANNETON, *arrivant par le fond.*

(Elle tient sous le bras un joli coffret doré, de l'autre main elle s'essuie les yeux avec son tablier.)

AIR : *de la Mère au bal.*

Ah ! ah ! ah ! ah ! quel coup terrible
De perdre un cousin...
Surtout lorsque l'on est sensible,
Et que c'est un cousin germain...
Ah ! ah ! quel chagrin !
Vainement ma philosophie
Vient me dire qu'en cette vie
Un homme de moins n'est rien du tout...
Et que l'on en trouve partout. (*Bis.*)
Henri, par ses manières gentilles,
Rendait tous les époux
Jaloux !
Ah ! dans les familles,
Un joli cousin comme lui...
C'est devenu rare... aujourd'hui.
Ah ! ah ! ah ! ah ! quel coup terrible, etc.

Allons, il ne faut pas se faire du mal... toutes les larmes du monde n'y feront rien !... j'arrive tard à mon magasin aujourd'hui... dam ! ce bon Duval, dans l'état où il était, je ne pouvais pas m'en aller la première !.. Hâtons-nous d'ouvrir mon tonneau et de voir ce que renferme ce coffret que mon cousin m'a donné avant de mourir... qui donc lui avait fait cadeau de ce joli meuble, à lui ?.. quelque grande dame, j'en suis sûre... il était si gentil Duval ! (*Elle ouvre la toile cirée de son tonneau et place le coffret sur sa chaise.*) Je n'ai pourtant pas encore pris mon café ce matin... mais j'ai tant de chagrin.. et quand je songe que je dois me marier demain... ça me navre le cœur.... C'est aujourd'hui lundi que M. l'Espérance doit apporter la permission de ses chefs pour notre mariage.... eh ! ma foi, tant pis... je lui dirai de remettre la cérémonie à jeudi, et, s'il n'est pas content, nous nous marierons dimanche... comme dit la chanson.

SCENE IV.

JEANNETON, L'ESPÉRANCE.

L'ESPÉRANCE, *arrivant du côté opposé.*

Air précédent.

Ah ! ah !
Quel coup terrible !
Non, non, jamais on ne porta
Au cœur d'un guerrier si sensible
Une botte comme celle-là.
Ah ! ah !...

JEANNETON, *l'interrompant.* Tiens! vous aussi vous avez du chagrin, monsieur l'Espérance? moi qui comptais sur vous pour m'égayer un peu!..

L'ESPÉRANCE. Ah! ouiche! L'Espérance est au désespoir!.. Jeanneton, délicieuse et délicate ravaudeuse, préparez-vous à recevoir le plus terrible coup, physiquement parlant!

JEANNETON. Qu'est-ce donc?... mon ami..

L'ESPÉRANCE. Vous me regardez de la tête aux pieds, et vous vous dites, ma charmante : Quel bel homme je vais avoir!.. physiquement parlant.

JEANNETON. C'est vrai, je me dis ça souvent, et ça me flatte.

L'ESPÉRANCE. Je le crois bien... mais ne vous flattez pas, ravaudeuse de mon être... vous comptez me posséder, et vous ne me posséderez pas.

JEANNETON. Comment?

L'ESPÉRANCE. Le roi, par l'organe de mes chefs, m'a fait dire que j'eusse à rester garçon... et qu'il me donnait cinq sous par jour pour être à son service et non pas au vôtre, physiquement parlant.

JEANNETON. Eh bien! il est gentil le roi! Vous qui m'avez toujours dit : Je réponds du consentement de mes chefs... si je m'étais fiée... à ça pourtant!

L'ESPÉRANCE. Jeanneton, chère Jeanneton, l'autorité militaire devient de jour en jour plus vexatoire, relativement à l'hyménée du héros français... mais je suis décidé à faire un coup de ma tête.

JEANNETON. Et qu'est-ce que vous pouvez faire?

L'ESPÉRANCE. Je vais me jeter aux pieds du roi... et je lui dirai... Sire, vous avez une femme... vous en avez même deux .. vous en avez même trois, à ce qu'on dit, sire... celle que je veux prendre est votre parente du côté gauche, car ma personnière est la propre cousine de Jeanne Vaubernier, dite Mme Dubarry.

JEANNETON, *avec ironie.* Jolie idée que vous avez là... Jeanne Vaubernier est ma cousine, c'est vrai... mais ce n'est pas au roi qu'il faut aller le dire!

L'ESPÉRANCE. A qui donc?

JEANNETON. A personne!.. ça pourrait faire du tort à ma réputation de brave fille, et du chagrin à Jeanne Vaubernier, qui m'a oubliée sans doute... car depuis qu'elle a fait fortune, je n'en ai plus entendu parler.

L'ESPÉRANCE. Dam! elle attend peut-être votre visite!

JEANNETON. Encore possible, mais je n'irai pas!.. pour me faire faire quelque affront.

AIR : *Je suis la petite Bergère.*

Aller chez elle?... Dieu m'en garde!
Je trouverais peut-être là
Un suisse avec sa hallebarde,
Qui viendrait me dire : Halte-là!
Mais de me voir si Jeanne se propose,
Elle pourra jusqu'à moi pénétrer...
(*Elle montre son tonneau.*)
Mon concierge, je le suppose,
Ne l'empêchera pas d'entrer.

L'ESPÉRANCE. Et quand je songe qu'une parente comme ça, si elle le voulait, pourrait vous faire tant de bien!... physiquement parlant.

JEANNETON. Parente, au plus proche degré, fille de frère et de sœur, toutes les deux de Lorraine, d'où nous sommes venues, il y a cinq ans, pour chercher fortune à Paris... avec notre cousin germain... ce pauvre Duval.

L'ESPÉRANCE. Un joli mirliflor, employé dans la gabelle... et qui fera son chemin à cause de son physique... à la Pompadour.

JEANNETON. Ah! oui, son chemin... ils y ont mis bon ordre.

L'ESPÉRANCE. Que voulez-vous dire?

JEANNETON. Duval est mort cette nuit!

L'ESPÉRANCE. Mort!.. mort, physiquement parlant?

JEANNETON. Oui, mort de misère... de chagrin... et d'un grand coup d'épée... qu'il a reçu il y a trois jours.

L'ESPÉRANCE. Mort d'un coup d'épée!.. le petit gabellou, honneur à sa mémoire... nous ne mourons que comme ça dans les gardes françaises, mais qui vous a appris... ravaudeuse affligée?

JEANNETON. Hier soir, au moment où je fermais mon magasin... un commissionnaire vint me dire qu'on me demandait tout de suite... tout de suite... rue Saint-Jacques... je ne voulais pas y aller... mais on me montra un anneau que j'avais donné à mon cousin... et je suivis le commissionnaire... il me conduisit dans une mansarde, où je trouvai ce pauvre jeune homme, expirant à vingt ans... d'une blessure qu'il avait reçue en se battant avec je ne sais qui... il n'a pas voulu, ou plutôt il n'a pas pu me le dire... tout ce qu'il a pu faire, c'est de me remettre un petit coffret auquel il paraissait attacher un grand prix... car, il était caché dans son lit.... puis il a pris ma main qu'il a mouillée de ses larmes... alors je me suis caché la figure dans mon tablier... et quand j'ai voulu regarder... il n'y avait plus personne!

(Elle pleure.)

L'ESPÉRANCE. Ça fend l'ame en deux... ça ferait pleurer le dieu Mars en personne! (*Il sanglote.*) J'entre au débit de consolations.

JEANNETON. C'est çà!... vous n'en sortez plus...

L'ESPÉRANCE. Ce n'est pas ma faute, ma charmante... c'est la faute de la destinée qui m'envoie journellement tant de peines personnelles à consoler!... D'ailleurs, ce matin... j'ai donné chez le père Ledur... le débitant... rendez-vous à mon sergent-major... Je reviendrai vous dire adieu... avant de retourner à Versailles...

JEANNETON, *soupirant*. Ah!...

L'ESPÉRANCE. Allons donc!...

AIR *de la Cachucha*.

N' pleurez pas comme ça
Ravaudeuse gentille...
De fil en aiguille
Votre chagrin pass'ra.
J'tez vos doux regards
Sur votre belle idole...
Vénus se console
En voyant le dieu Mars

JEANNETON.

Quell' triste chance!
Perdr' l'existence
Quand ell' commence...

L'ESPÉRANCE.

Votre cousin à tout jamais s'en va,
Mais l'Espérance,
Par sa constance,
Est encor là
Qui vous consolera.

ENSEMBLE.

Ne pleu { rez / rons } pas comme ça, etc.

(*L'Espérance sort.*)

SCENE V.

JEANNETON, *seule*.

Le voilà parti!.. profitons du moment où je suis seule pour voir enfin ce qu'il y a dans ce coffret. (*En parlant elle ouvre le coffret*). Tiens! il n'y a que des papiers... Oh! comme ils sentent bon! je les mettrai dans mon armoire en guise de musc... et puis une petite lettre à mon adresse... de Duval... que m'écrivait-il... ce pauvre jeune homme? (*Elle ouvre la lettre*). « Ma bonne Jeanneton, ma jolie cousine... comme vous m'avez toujours aimé, c'est à vous que je confie en mourant ce coffret mystérieux... Il renferme des papiers que je vous prie de porter vous-même, après les avoir lus, à notre cousine Jeanne Vaubernier, elle vous récompensera, j'en suis sûr. Ces papiers vous apprendront le secret de mes malheurs et la cause de ma mort; vous direz à Jeanne que je meurs en lui pardonnant... » En lui pardonnant?... qu'est-ce qu'elle lui a donc fait, et comment notre cousin Duval?.. Jeanne me récompensera, dit-il? Oh! comme ça se trouve! je lui demanderai le congé de l'Espérance... oui, oui, bonne idée! Dimanche prochain je vais à Versailles!... oh! que c'est aimable à ce bon Duval d'avoir songé à moi pour cette commission!.. et puis je suis sûre que Jeanne sera bien contente de me voir.... car elle est aussi bonne fille que moi... Allons, allons, la confiance me revient... je lirai tous ces papiers ce soir... dans ma petite chambre du quai de la Feraille... (*Elle se met dans son tonneau*) Mais les chalands ne viennent pas vite ce matin.

SCENE VI.

JEANNETON, LE VICOMTE, FRANCHIN.

LE VICOMTE. Je vais tenter l'aventure; le moyen que tu m'as indiqué est parfait... laisse-nous.

(Franchin rentre.

JEANNETON, *à part*. Voilà encore ce grand flandrin qui m'a taut regardée hier soir; s'il me veut quelque chose, il a bien tort, car, moi, je ne lui veux rien du tout!

SCENE VII.

JEANNETON, LE VICOMTE.

LE VICOMTE, *à part*. Elle est seule! essayons! (*Haut.*) Ma belle enfant, au moment d'entrer dans cet hôtel, je m'aperçois que mon bas de soie m'a fait une petite infidélité, ne pourriez-vous réparer cet accident?

JEANNETON. Tiens! pourquoi pas? c'est mon métier.

(Elle tire de sa poche ce qu'il faut pour travailler.)

LE VICOMTE. Vous êtes, dit-on, d'une adresse..?

JEANNETON. On sait son état! Attendez que j'enfile mon aiguille.

LE VICOMTE. Elle est charmante! Cette maille coulée pouvait retarder mes affaires d'un grand mois.

JEANNETON. Cela ne m'étonnerait pas... les grandes dames de la cour n'aiment pas les adorateurs qui sont bas percés.

LE VICOMTE, *riant aux éclats*. Ah! ah! ah! de Bièvre vous envierait celui-là.

JEANNETON. Monsieur de Bièvre... je connais... encore un fameux farceur... Il ne vient jamais à l'hôtel de Saint-Yon sans me dire des bêtises.

LE VICOMTE. Il en est bien capable.

JEANNETON. Il m'fait toujours raconter les histoires et les propos du quartier. Dam! c'est qu'ils en font d'ben drôles dans c'faubourg Saint-Honoré! et puis je vois passer tant de gens et tant de choses devant mon petit tonneau!..

Air *de l'Ambassadrice.*

Dès le matin, c'est la laitière
Qui dit ceci, qui dit cela...
Puis c'est le tour de la portière...
Dieu sait comme sa langue va...
Puis vient l'épicier,
Et puis le mercier,
Puis le chapelier,
Puis le teinturier,
Puis le tabletier,
Puis le savetier,
Puis le perruquier,
L'écho du quartier...
On médit un jour
De la pâtissière,
La femme de cour
A bientôt son tour.
On donne un seigneur
A la couturière,
On prête un chasseur
A la dame d'honneur;
Mais, pour moi, je hais
Les moindres caquets...
Et, je le promets,
Je n'en fais jamais.

LE VICOMTE. Oui, vous me paraissez d'une discrétion à toute épreuve.

JEANNETON.

Et lorsque ce bruit vous offense,
Si tout en colère on s'en va
Dire à quelqu'un, en conscience,
Répondez : Avez-vous dit ça?
Non, c'est le traiteur,
Non, c'est le frotteur,
Non, c'est l'imprimeur,
Non, le rôtisseur,
Non, le parfumeur,
Non, le confiseur,
Non, c'est le facteur,
Ce joli parleur.
Viennent les propos...
Plus d'une parole
Se change en gros mots
Qui font des héros!
Du quartier, déjà,
Plus d'un bonnet vole!
Puis la garde est là,
Qui finit tout ça.
Mais, pour moi, je hais
Les moindres caquets,
Et, je le promets,
Je n'en fais jamais.

LE VICOMTE. Vous êtes adorable, Jeannette, et vous mériteriez bien mieux les faveurs de la fortune que votre cousine Jeanne Vaubernier.

JEANNETON. Je n'en voudrais peut-être pas au même prix... Mais comment savez-vous cela, vous? je ne l'ai pourtant dit à personne.

LE VICOMTE. C'est donc la vérité?

JEANNETON. Je n'ai rien à vous répondre là-dessus... Allons, beau sire, mettez-vous là... (*Il pose la jambe sur la chaise.*) On ne pourra pas dire que vous êtes jambé comme un coq...

LE VICOMTE. Ne pourriez-vous venir me rendre ce service dans la loge de monsieur Franchin?

JEANNETON. C'est ça! je vas laisser mon magasin tout seul... pour qu'on m'emporte tout à la fois la marchandise, le mobilier... et la maison avec... comme cela m'est arrivé l'an dernier..... pour mes étrennes.

LE VICOMTE. Eh bien! ma toute belle, tant mieux! si l'on vole votre établissement, vous ne manquerez pas de gens qui vous offriront un hôtel!...

JEANNETON. Serait-ce, par hasard, vous qui me l'offririez?

LE VICOMTE. Pourquoi pas, ma divine?..

JEANNETON, *à part.* Je te vois venir. (*Haut.*) Ah çà! vous avez donc marché dans des rasoirs... c'est une belle et bonne coupure que je raccommode là... je m'y connais...

LE VICOMTE. Qu'importe! revenons à ma proposition! Qu'en dites-vous?

JEANNETON. C'est une facétie comme une autre.

LE VICOMTE. Une facétie... nullement...

JEANNETON. Alors, vous pouvez vous flatter de savoir faire une reprise aussi bien que moi.

LE VICOMTE. Quelle reprise?

JEANNETON. Une reprise de conversation, comme on dit... mais c'est une reprise perdue, je vous en avertis, monsieur de Lauzun!...

LE VICOMTE, *se déplaçant.* Aïe!... tu me piques. (*Riant.*) Avec ces diables de petites filles de Paris, on ne saurait garder de masque... elles savent les prendre tous. (*Il se replace.*) Eh bien! oui, je suis le vicomte de Lauzun, et je n'en maintiens pas moins l'offre de l'hôtel et cent mille livres par an... Qu'as-tu à répondre à cela?

JEANNETON. Je répondrai à cela... ce que j'ai répondu à plusieurs autres... que je ne me sens pas disposée du tout à vous écouter... que j'ai un prétendu surnommé l'Espérance, grenadier aux gardes-françaises... que je l'aime... que je veux l'épouser... et vivre en honnête femme... si Dieu m'en donne la force et le courage...

LE VICOMTE. Et si, en t'offrant la fortune, on te laissait ta vertu... ton innocence... ta réputation?..

JEANNETON. Quelle plaisanterie! Est-ce que c'est possible ?..

LE VICOMTE. Mais, si je t'apprenais...

JEANNETON, *repoussant la jambe du vicomte.* Assez causé... vous êtes ravaudé... c'est six blancs que ça vous coûtera, c'est moins cher qu'un hôtel.

LE VICOMTE. Tiens... voici un louis... garde tout.

JEANNETON. Non pas, je veux vous rendre... ça ressemblerait à des arrhes.

SCENE VIII.

Les Mêmes, UN VALET DE PIED

LE VALET DE PIED, *à la porte de la grille.* Ouvrez la porte de l'hôtel à Mme la comtesse Dubarry!

LE VICOMTE, *à part.* La Dubarry chez Mme de Saint-Yon, cette femme si prude! Oh! vent de la faveur... que de têtes tu fais tourner!..

JEANNETON. Jeanne Vaubernier... quel bonheur!.. ça m'épargnera le voyage de Versailles; avec ça que je ne peux pas souffrir les coucous.

LE VICOMTE, *à part.* Oh! c'est divin!

JEANNETON, *regardant au fond.* La voici! la voici! elle est à pied... sa voiture n'a pas pu passer là-bas... tant mieux... je pourrai lui parler...

LE VICOMTE. Évitons ses regards. (*Il regarde au fond.*) Ou je ne connais plus la cour, ou cette entrevue va servir mes projets. (*A Jeanneton.*) Dans un instant je viendrai chercher votre réponse!

JEANNETON. Je vous donnerai la monnaie de votre pièce... c'est tout ce que vous pouvez espérer.

SCENE IX.

JEANNETON, *seule allant à son tonneau.*

Eh vite... vite! prenons les papiers qui sont dans le coffret. je ne les ai pas lus... mais que m'importe? Cette bonne Jeanne... quel plaisir je vais lui faire!.. Si j'avais su ça... j'aurais mis mon tablier de taffetas... mais une parente... c'est toujours bien.

SCENE X.

JEANNETON, Mme DUBARRY, UN VALET *qui l'accompagne*, PLUSIEURS VALETS.

Mme DUBARRY, *entrant par la gauche.* C'est une indignité! une femme comme moi, obligée de laisser son carrosse à cent pas de l'hôtel!.. je me plaindrai au lieutenant de police... Grâce au ciel, nous voici arrivés. (*Franchin en grande livrée paraît sur la porte de l'hôtel.*) Fareuil... (*le valet approche*) portez cette lettre à M. de Sartine... Il vous remettra un coffret que vous m'apporterez à l'hôtel de Saint-Yon... Du mystère surtout...

(Le valet sort.)

JEANNETON. Il ne faut pas la laisser passer. (*Elle va se mettre devant elle.*) Bonjour, Jeanne!

Mme DUBARRY. Jeanne! qui se permet?..

JEANNETON. Tiens... qui? ta cousine Jeanneton..,

Mme DUBARRY, *à part.* Quel contre-temps! (*Haut.*) Eh quoi! c'est vous, mademoiselle Duval?

JEANNETON. Duval! je sais bien que Duval c'est mon nom de famille... mais, pour toi, je m'appelais Jeanneton... Ah! je vois ce que c'est... tu es fâchée que je ne sois pas allée te voir à ton château de Versailles; toujours bonne fille... Dam! vois-tu, le ravaudage donne beaucoup... c'est étonnant comme il y a des mailles échappées par le temps qui court.

Mme DUBARRY, *impatientée.* Avez-vous quelque chose à me demander, mademoiselle Duval?

JEANNETON. Avez-vous!.... comme tu me parles, Jeanne! est-ce que ça te rend fière d'être la maîtresse du roi?.. Si tu étais sa femme légitime encore... je te pardonnerais de faire la reine.

Mme DUBARRY. Est-ce là tout ce que vous avez à me dire?

JEANNETON. Je venais vous demander un service... et vous en rendre deux.

Mme DUBARRY. A moi?... que puis-je faire pour vous?

JEANNETON. Je venais vous prier de m'accorder le congé de mon prétendu... qui est dans les gardes-françaises.

Mme DUBARRY. Il me semble que je ne suis par son colonel, moi...

JEANNETON. On dit pourtant que vous commandez au roi, qui est le colonel de tous les régimens... ce qui fait que vous êtes le colonel général du royaume, à ce qu'on prétend.

Mme DUBARRY. Ces gens du peuple ont des idées! mais quand cela serait, mademoiselle... le roi a besoin de ses soldats.

JEANNETON. Il en a deux cent mille, il peut bien m'en céder un.

Mme DUBARRY. Vous ne comprenez rien à l'état militaire; votre demande est inaccordable... si votre amant était dans un régiment de province, passe... mais, dans les gardes-françaises... impossible... Adieu, mademoiselle Duval... je suis bien aise de vous avoir vue.

JEANNETON, *à part*. Bégueule, va! tu n'auras pas ces papiers. (*Haut.*) Vous ne me demandez pas quel service je peux vous rendre?..

Mme DUBARRY. Des services, vous ma petite, à moi!..

JEANNETON. Dam! comme dit cet autre... on a souvent besoin d'une plus petite que soi...

Mme DUBARRY, *riant*. Je ne crois pas que j'aie jamais besoin de vous.

SCÈNE XI.

LES MÊMES, L'ESPÉRANCE.

L'ESPÉRANCE. Jeanneton, mam'zelle Jeanneton, j'accours pour vous dire que la Dubarry, votre cousine... ah! la voilà...

(Il met la main à son chapeau.)

Mme DUBARRY. Ainsi vous me donnez publiquement le titre de cousine.

JEANNETON. C'est vrai, j'ai tort... (*à part*) je suis honnête fille...

Mme DUBARRY. Et c'est là votre prétendu... il est bel homme!

L'ESPÉRANCE. Elle n'a pas la vue basse... physiquement parlant.

JEANNETON. C'est fini... elle l'a vu... le roi va me le garder...

Mme DUBARRY. Je vous ai dit, mademoiselle... que le roi a besoin de ses soldats.

JEANNETON. Ne fût-ce que pour garder son Parc-aux-Cerfs n'est-ce pas?

Mme DUBARRY. Insolente!.. Mademoiselle Jeannette Duval, retenez bien ce que je vais vous dire : si vous répétez à qui que ce soit... dans Paris... que vous êtes ma cousine, je vous ferai renfermer à Saint-Lazare pour le reste de vos jours.

JEANNETON. A Saint-Lazare!

Mme DUBARRY. Souvenez-vous de ma promesse.

(Elle entre dans l'hôtel.)

SCENE XII.

JEANNETON, L'ESPÉRANCE.

JEANNETON. Saint-Lazare! Saint-Lazare! Ah! tu me défends de dire dans Paris que je suis ta cousine... eh bien! j'irai le dire à Versailles!.. Ah! j'étouffe de colère!...

L'ESPÉRANCE. N'étouffez pas, ma chère Jeanneton... j'ai trouvé un expédient pour me rapprocher de vous... je déserte... et je vous enlève...

JEANNETON, *l'écoutant à peine*. Le plus souvent que je veux d'un déserteur pour mari!.. et la maréchaussée qui pourrait vous prendre même dans le lit conjugal...

L'ESPÉRANCE. C'est vrai! la maréchaussée aurait ce droit-là!

JEANNETON. Ah!.. il faut que je me venge de ma cousine, ou que je meure de chagrin!

L'ESPÉRANCE. Comment se venger d'une femme qui est si haut perchée? vous n'avez pas les bras assez longs.

JEANNETON. On peut les rallonger; M. de Lauzun va revenir... oh! si j'osais! si j'osais! et pourquoi pas? oh! que j'aurais de plaisir à l'humilier à mon tour!

L'ESPÉRANCE. Ravaudeuse adorée..... voyons, voyons... du calme, de la dignité; revenez à vous, physiquement parlant.

JEANNETON, *comme décidée*. Monsieur l'Espérance!

L'ESPÉRANCE. Mon espoir!

JEANNETON. Avez-vous confiance en moi?

L'ESPÉRANCE. Oh Dieu!

JEANNETON. Croyez-vous à ma vertu?

L'ESPÉRANCE. Oh! diable!

JEANNETON. Eh bien?

L'ESPÉRANCE. J'y crois comme à mon courage.

JEANNETON. Eh bien!.. écoutez-moi.

AIR *de l'Apothicaire*.

Comme Dubarry, si j'avais
Bientôt une noble origine...
Un bel hôtel, de grands laquais,
Avec une brillante berline...
Si j'avais dentell', falbalas!
Que dirais-tu? réponds-moi vite!

L'ESPÉRANCE.

Je dirais : Tant qu'elle ne m'a pas,
Ell' n'a pas tout ce qu'ell' mérite.

JEANNETON. Et vous m'aimeriez toujours?

L'ESPÉRANCE. Oui, mais je ne vous épouserais plus.

JEANNETON. Vous êtes un imbécile!.. Tenez! voici celui qui veut me donner tout cela...

L'ESPÉRANCE. Un quelqu'un qui veut vous enrichir!.. je vais lui passer ma lame à travers le corps.

JEANNETON, *montrant son tonneau*. Du tout! vous allez vous cacher dans mon appartement pour entendre ce qui va se dire ici... et après vous verrez si vous voulez me donner votre consentement.

L'ESPÉRANCE. Jeanneton, Jeanneton!..

une délicieuse amie... je m'oppose... en héros français...

JEANNETON. Eh vite! beau héros de corps-de-garde... cachez-vous... il y va de notre fortune et de notre mariage.

L'ESPÉRANCE, *se cachant*. Je ne respire plus, physiquement parlant.

SCENE XIII.

LE VICOMTE, JEANNETON.

LE VICOMTE. Eh bien! sauvage ravaudeuse?

JEANNETON. Eh bien! monsieur le vicomte?

LE VICOMTE. Que dis-tu de ta cousine?

JEANNETON. Je dis qu'elle est fière.... comme une demi-princesse, qu'elle est....

LE VICOMTE. Et de ta condition?

JEANNETON. Bien misérable!.. un tonneau et des humiliations...

LE VICOMTE. Et de ma proposition?

JEANNETON. A présent... il y a peut-être moyen de s'entendre.

LE VICOMTE. Eh quoi! tu accepterais?

JEANNETON. Un hôtel pendant trois mois.

LE VICOMTE. Un hôtel et mon amour!

JEANNETON. Un hôtel.... et la vengeance!..

LE VICOMTE. Comment?

JEANNETON. Oui... je veux, à mon tour, humilier mon insolente cousine.

LE VICOMTE. Oh! instinct de la femme! elle a deviné mes projets... eh bien! oui, gentille ravaudeuse... oui, quoique tu sois agaçante et jolie... ce n'est pas l'amour qui m'a conduit près de toi... c'est le désir d'opposer à la Dubarry une femme de ta condition, qui par son luxe, sa magnificence et ses prodigalités, l'éclipse... l'efface... l'anéantisse! toute ma fortune y passera s'il le faut... mais ta cousine n'aura pas un équipage que le lendemain tu n'en aies un pareil ou plus éclatant encore..... et je ferai si bien, qu'avant un mois tous ses adorateurs seront à tes pieds!

JEANNETON. Comme ça me va!.. comme a me va!

LE VICOMTE. L'an dernier, c'est la Dubarry qui fut la reine de Longchamps.... ette année-ci, je te jure, par mon épée de colonel que Jeanne de Vaubernier a voulu déshonorer, ce sera toi qui seras à Longchamps l'astre du jour.

JEANNETON. Comme ça me va! comme ça me va!.. Et ça ne m'empêchera pas d'être fidèle à mon prétendu?..

LE VICOMTE. Sans doute! et ta vertu que je proclamerai partout... ajoutera encore à ton triomphe!

JEANNETON. Au bout de trois mois, je serai libre d'épouser mon prétendu?

LE VICOMTE. Avec vingt mille livres de dot que je t'assure... si tu joues bien ton rôle... de favorite!...

JEANNETON. Tiens!.. je ne suis pas plus bête que ma cousine.

LE VICOMTE.

AIR *d'Yelva*.

Du monde où je vais t'introduire
Songe à prendre tous les travers...
Sans raisons souvent il faut rire,
Il faut te donner de grands airs.
Affecte de l'impertinence,
Tranche, décide sans rougir!

JEANNETON.

Je vais avoir un titre et d'l'opulence,
L'insolence va me venir.

LE VICOMTE. Petite, tu commences trop tôt ton personnage.

JEANNETON. Pardon, j'oubliais que mon protecteur est riche et titré...

LE VICOMTE. Partout tu nargueras la Dubarry.

JEANNETON. Oh! sur ce point vous pouvez vous fier à moi!..Comme elle m'a traitée, moi, qui étais si joyeuse de la revoir!

LE VICOMTE. A propos! quel nom... quel titre... veux-tu prendre?

JEANNETON. Ah! oui... un nom... c'est essentiel... comment... allons-nous m'appeler?

LE VICOMTE. Ordinairement on prend le nom d'un château... d'une propriété.

JEANNETON. Eh bien!.. je vais prendre celui de mon domaine... et je m'appellerai la comtesse du Tonneau... je serai plus que ma cousine, qui n'est que la comtesse Dubarry.

LE VICOMTE. Oh! ce nom est divin, ma toute belle!.. A Versailles le drame... à Paris la parodie!.. c'est bien plus amusant...

JEANNETON. Oui... je crois que nous allons nous amuser!..

LE VICOMTE. Je veux que ta fortune commence aujourd'hui-même... prépare-toi à faire ton entrée triomphale dans ton hôtel... comtesse du Tonneau... je cours tout disposer pour te recevoir... ma livrée... ou plutôt la tienne... viendra te chercher dans un instant... Ainsi, marché conclu... pour trois mois...

JEANNETON. Votre livrée... et pas d'amour...

LE VICOMTE. J'en donne ma parole de gentilhomme.

AIR : *Mire dans mes yeux.*

Avec gaîté vengeons-nous
De notre ennemie !
Les sages comme les fous
Seront tous
Pour nous.

JEANNETON.

Venez, malice et folie !
Venez diriger nos coups.

ENSEMBLE.

Avec gaîté, etc.

(*Le comte sort, l'Espérance quitte le tonneau et se promène à grands pas sur la scène.*)

SCENE XIV.

L'ESPÉRANCE, JEANNETON.

JEANNETON. Eh bien! monsieur l'Espérance?

L'ESPÉRANCE. Laissez-moi, physiquement parlant.

JEANNETON. Comment? vous n'êtes pas content? j'accepte sa fortune et je garde ma vertu!..

L'ESPÉRANCE. Je ne donne pas dans ce charlatanisme-là... D'ailleurs, à quoi cela vous mènera-t-il?

JEANNETON. A quoi? vous ne le voyez pas? cela me mènera à me venger de la Dubarry... à m'assurer une petite fortune... à profiter de ma faveur pour obtenir votre congé... et à nous marier légitimement.

L'ESPÉRANCE. Jeanneton!.. Jeanneton! vous me bercez avec des chimères!..

JEANNETON. Vous avez entendu le serment de ce gentilhomme...

L'ESPÉRANCE. Je sais bien que c'est un brave! il était à Fontenoy... et moi aussi; mais raison de plus... nous autres militaires... je nous connais... nous sommes capables de tout, physiquement parlant.

JEANNETON. Voyons, l'Espérance, mon ami, mon héros, mon dieu Mars.

L'ESPÉRANCE. Ma Cypris, vous cherchez à m'entortiller.

JEANNETON, *câlinant.*

AIR *du Postillon.*

Mon petit mari
Tu seras chéri. } (*bis.*)
Ne va pas te rompre la tête,
Moi, je ris de cette conquête...
Ah! sois sans effroi,
Et compte sur moi. } (*bis*),
Ta Jeannette
N'aim'ra que toi.
J'veux m' venger de ma cousine,
Et ce gai moyen
Me paraît très-bien.
Si l'on jase à la sourdine,
Moque-toi des sots
Et de leurs propos;
Car j'ai de l'honneur,
Surtout un bon cœur...
Allons, plus de peur,
Je f'rai ton bonheur!
Mon petit mari, etc.

L'ESPÉRANCE. Ah! sirène..

JEANNETON. Vous ne dites plus non?

L'ESPÉRANCE. Je ne dis pas oui... car, si je consentais, il faudrait me permettre d'entrer à toute heure dans l'hôtel en question pour garder mon trésor.

JEANNETON. Je ne l'ai pas défendu...

L'ESPÉRANCE. Quoi! je pourrais faire à chaque instant ma ronde amoureuse et militaire?..

JEANNETON. Et vous me trouverez toujours irréprochable. Jeanneton Duval n'est pas Jeanne Vaubernier.

(Musique.)

L'ESPÉRANCE. Justement la voilà qui sort de l'hôtel de Saint-Yon.

JEANNETON. En chaise à porteurs... elle craint que je l'arrête encore... Patience! princesse de boudoir... je te ferai voir que Jeanneton Duval est ta cousine... L'Espérance!..

L'ESPÉRANCE. Mamzelle Jeanneton!

JEANNETON. Appelez aussi mes porteurs, car je vois venir ma livrée.

L'ESPÉRANCE. Vos porteurs!.. ravaudeuse aventurée?

JEANNETON. Les deux commissionnaires du coin. (*A part.*) N'oublions pas surtout la cassette de mon pauvre cousin.

(Musique du final.)

SCENE XV.

LES MÊMES, VOISINS *et* VOISINES, *accourant en foule*, DEUX COMMISSIONNAIRES. *Les voisins viennent d'abord se ranger près de l'hôtel.* DEUX VALETS DE LAUZUN.

CHOEUR.

Oui, la voici! (*ter.*)
C'est la comtesse Dubarry.
Oui, par ici! (*ter.*)
Viv' la comtesse Dubarry!

JEANNETON, *on l'entoure.*

Venez par ici, ma voisine,
Venez, commères du quartier;
Je vais vous donner, j'imagine,
De quoi jaser un mois entier.
(*On écoute.*)
De ce tonneau
Il va sortir (*bis*) un nom nouveau!
Oh! oh!

FRANCHIN, *sortant de l'hôtel.* Place à Mme la comtesse Dubarry!

JEANNETON. Place à la comtesse du Tonneau!

(Dans ce moment la chaise à porteurs sort de l'hôtel, et les commissionnaires emportent Jeanneton dans son tonneau. Mme Dubarry met la tête à la portière pendant la reprise du chœur suivant; Franchin veut écarter la foule.)

CHOEUR, *très-animé.*

Ah! quel tableau! (*ter.*)
Qu'il est beau,
Viv' la comtesse du Tonneau!

(*Mme Dubarry sort par la gauche, et Jeanneton par la droite, aux acclamations de la foule. Tableau.*)

ACTE DEUXIÈME.

Un riche salon avec sophas, ottomanes, fauteuils. Trois portes au fond qui s'ouvrent sur une riche galerie disposée pour un bal. Sur le devant, à gauche et à droite, deux portes d'intérieur. Les lustres de la galerie sont allumés. Cheminée à droite de l'acteur.

SCENE PREMIERE.

L'ESPÉRANCE, JOLI-COEUR, UN SERGENT.

(Sur la musique qui terminera l'ouverture, le sergent vient placer l'Espérance et Joli-Cœur en faction aux portes de sortie.)

LE SERGENT. La consigne est de ne laisser entrer personne après l'arrivée du roi... personne... entendez-vous?

(La musique continue : le sergent sort par la porte du fond.)

SCENE II.

L'ESPÉRANCE, JOLI-COEUR.

JOLI-COEUR. Dis donc, l'Espérance, la faction est agréable... à la porte d'un bal....... et d'un bal qu'on donne à la Dubarry... Nous allons voir les plus belles femmes de la cour.

L'ESPÉRANCE, Ah! Joli-Cœur! j'ai bien besoin de me rafraîchir le regard... par l'aspect de la beauté... car voilà quinze jours que je n'ai vu ma personnière.

JOLI-COEUR. Ta personnière... tu veux dire celle de M. le vicomte de Lauzun?...

L'ESPÉRANCE. Joli-Cœur! pas de suppositions attentatoires à l'honneur de Jeanneton... Admis auprès d'elle à tous les instans du jour et même du crépuscule... je me suis convaincu que c'est moi qu'elle aime... et non pas M. de Lauzun.

AIR *de Partie et Revanche.*

On le dit partout dans la ville,
Ils sont unis pour se venger...
Sur ce point je suis bien tranquille,
Et mon amour ne court aucun danger.

JOLI-COEUR.

Dans son hôtel pourquoi donc se loger!

L'ESPÉRANCE.

Joli-Cœur, respectez ma femme!
De Jeanneton l'honneur ne peut broncher.
Elle a de la vertu dans l'ame,
Et deux verroux à sa chambre à coucher.

JOLI-COEUR. Tu m'en diras tant...

L'ESPÉRANCE. Ce qui n'empêche pas que je suis dans la désolation du désespoir..... car depuis quinze jours je n'ai pas vu mon adorée... les plaisirs folâtres sont à Paris, et la corvée me retient à Versailles.

(Il soupire.)

JOLI-COEUR. Rengaine tes soupirs... voilà des particuliers de la cour.

(Ils reprennent leurs armes et disparaissent.)

SCENE III.

Mme DE SAINT-YON, SAINT-VALLIER.

SAINT-VALLIER. Ah! ah! ah!... d'honneur, c'est incroyable!... Eh quoi! noble tante, Lauzun invité à un bal que vous donnez à Mme Dubarry... lui!... l'ennemi déclaré de l'idole du jour.

Mme DE SAINT-YON. Lauzun est allié aux premières maisons de France, vous le savez... il est notre parent, et j'ai dû lui envoyer une invitation; mais je savais qu'une partie de chasse le retenait pour huit jours à Chantilly, et je me suis arrangée pour que ma lettre ne fût remise à son hôtel que le lendemain de son départ de Paris.

SAINT-VALLIER. Voilà qui peut s'appeler du savoir-vivre de cour.

Mme DE SAINT-YON. M. de Lauzun est perdu par sa liaison avec cette créature, qui, depuis trois mois, remplit tout Paris de sa renommée.

SAINT-VALLIER. La piquante comtesse du Tonneau, qui éclipse presque l'astre de la cour.

Mme DE SAINT-YON. Mme Dubarry n'a rien à craindre d'une pareille comparaison.

SAINT-VALLIER. Sans doute, noble tante; cependant, vous conviendrez que ce fou de Lauzun soutient sa gageure avec une intrépidité qui ne se ralentit pas... sa comtesse d'emprunt lutte corps à corps, pour ainsi dire, avec Mme Dubarry. Votre noble amie n'a pas une parure, que la comtesse de Lauzun n'ait aussitôt la pareille. A Longchamps, ses équipages ont effacé ceux de l'idole du jour... sa loge à l'Opéra est à côté de la loge semi-royale ; et dernièrement encore, au Cours-la-Reine, l'équipage de cette impertinente comtesse a coupé le carrosse de Mme Dubarry, aux acclamations de la multitude... et, le croiriez-vous, aux éclats de rire de quelques jeunes courtisans.

Mme DE SAINT-YON. Oui... les Chevreuse, les Danglemont, les Descars... et autres étourdis qui vous ressemblent.

SAINT-VALLIER. Moi ? madame la marquise, j'espère qu'on ne peut mettre en doute mon dévouement pour Mme Dubarry. Il y a trois mois, ne me suis-je pas battu pour lui faire rendre certaine cassette?..

Mme DE SAINT-YON. Ce duel vous vaudra un régiment.

SAINT-VALLIER. Oui, mais en attendant il m'a valu le plus rude coup d'épée..... C'est que j'avais affaire à un brave jeune homme, entêté comme un diable, par exemple!.. car il n'a jamais voulu entendre raison..... Que lui sera-t-il arrivé de sa blessure?.... je l'ignore ; on n'a jamais su où il s'était fait transporter, lui; et la cassette mystérieuse, cause du combat.

Mme DE SAINT-YON. Chargée de cette affaire par Mme Dubarry, j'avais écrit à M. le lieutenant de police, et j'attends ce soir sa réponse.

SAINT-VALLIER. Et dites-moi, noble tante, votre royale amie ne vous a jamais dit ce que renferme ce coffret qu'elle désire tant retrouver?

Mme DE SAINT-YON. Quelques papiers de famille, je suppose.

SAINT-VALLIER, *riant.* Peut-être ses titres de parenté avec la fameuse comtesse du Tonneau.

Mme DE SAINT-YON. Oh! vous avez trop d'esprit, chevalier, pour répéter une calomnie fondée sur un misérable jeu de mots, et dont le bon sens de la cour a fait justice... Mais qui nous vient là ?

SAINT-VALLIER, *remontant la scène.* Eh! chère tante, c'est votre invité de Chantilly, c'est Lauzun lui-même!

Mme DE SAINT-YON. Lauzun! Lauzun!... ah ! mon Dieu !

SAINT-VALLIER, *à part.* Je suis curieux de voir comment ma noble parente va se tirer de là.

SCENE IV.

LES MÊMES, LE VICOMTE.

Mme DE SAINT-YON. Eh ! arrivez donc, monsieur de Lauzun... je désespérais de vous voir à mon bal.

LE VICOMTE. J'ai bien manqué ne pas m'y rendre, belle marquise.. une invitation fort pressante de M. le prince me retenait depuis quelques jours à Chantilly.... Puis j'étais loin de penser que ce bal, que la cour attendait avec tant d'impatience depuis un mois, devait avoir lieu ce soir... Heureusement on a des amis... (*Saint-Vallier lui fait un signe de prudence*) des serviteurs zélés... et votre gracieuse invitation m'a été expédiée par un courrier extraordinaire... elle me coûte deux magnifiques chevaux... mais j'arrive à temps, et je m'estime trop heureux.

(Il lui baise la main.)

Mme DE SAINT-YON. Vous me voyez ravie, mon cher vicomte... mais le roi daignera peut-être honorer mon bal de sa présence, et sa majesté devant y venir masquée, vous sentez que tous les hommes doivent se conformer à cette étiquette.

SAINT-VALLIER, *à part, riant.* Pas trop mal, en vérité...

LE VICOMTE. Qu'à cela ne tienne, marquise, je ferai comme tout le monde... à la cour, d'ailleurs, un masque cela n'embarrasse pas !

Mme DE SAINT-YON. Souvenez-vous aussi, monsieur de Lauzun, que sur un territoire neutre toutes les hostilités sont suspendues; vous m'entendez? (*Le vicomte s'incline.*) Il me reste quelques ordres à donner, nous nous retrouverons dans le bal. Ne tardez pas à me rejoindre, Saint-Vallier.

(Elle salue et sort.)

SCENE V.

SAINT-VALLIER, LE VICOMTE.

(Toute cette scène doit être jouée avec mystère, à voix basse et très-rapidement.)

SAINT-VALLIER. Eh bien! ta gentille comtesse?

LE VICOMTE. Elle est là. Et la favorite?

SAINT-VALLIER. N'est pas encore arrivée.

LE VICOMTE. Et nos amis, Chevreuse et Descars?

SAINT-VALLIER. Il sont à leur poste.

LE VICOMTE. A merveille!

SAINT-VALLIER. Es-tu content, Coucy?

LE VICOMTE. Tu t'es conduit en ami véritable.

SAINT-VALLIER. Dis en véritable courtisan... Placé entre deux divinités, je me bats pour l'une, et j'ouvre à l'autre l'Olympe de la cour.

LE VICOMTE. Ma cause est celle de tous les jeunes gentilshommes.

SAINT-VALLIER. Oui, mais qu'espères-tu?

LE VICOMTE. Braver l'idole jusque sur son piédestal.

SAINT-VALLIER. Prends garde! toutes les favorites ont les clefs de la Bastille sur leur toilette, parmi leur rouge, leurs mouches et leur éventail.

LE VICOMTE. Ne craignez rien, moi seul ai séduit le concierge de l'hôtel, gagné les femmes de ta noble tante; c'est moi enfin qui dois aller à la Bastille et vous qui devez rire de l'aventure.

SAINT-VALLIER. A la bonne heure... je rejoins la marquise... maintenant je te dirai, comme l'amant d'Elisabeth à son complice Mortimer : Je ne vous connais plus!

(Il sort en riant.)

SCENE VI.

LE VICOMTE, *seul.*

Oui, Saint-Vallier a raison... je viens jouer ici un jeu à me faire enfermer comme ce pauvre Latude... Mais, ma foi! le sort en est jeté, et je veux à tout prix... N'oublions pas que ma comtesse est là qui attend. (*Il va à droite.*) Venez, il n'y a plus personne.

SCENE VII.

LE VICOMTE, JEANNETON.

JEANNETON.

AIR *de l'Ambassadrice.*

Voilà donc la cour!
Quel brillant séjour;
J'y viens à mon tour,
Ah! quel heureux jour!
Que ces murs brillans
Ont vu de galans
Et de courtisans
Trahir leur sermens, } (*bis.*)
Comtesse ou grisette,
Bientôt on verra
De Jeanne ou d' Jeannette
Qui l'emportera.
Gardons bien mon masque,
Montrons-nous ici
Perfide, fantasque...
Et j'ai réussi!
Voilà donc la cour, etc.

(*Pendant cet air le vicomte est allé au fond et regarde dans la galerie.*)

LE VICOMTE. Prends bien garde d'être reconnue avant le moment décisif.

JEANNETON. Soyez tranquille... pour changer une ravaudeuse en duchesse, il n'y a que cela à faire. (*Elle met son masque.*) Ni vu, ni connu, comme on dit. Vous dites donc que nous sommes ici chez Mme la marquise de Saint-Yon?

LE VICOMTE. Le plus bel hôtel de Versailles après le château royal.

JEANNETON, *regardant.* Voilà un hôtel comme il m'en faudrait un.

LE VICOMTE. L'appétit vient en mangeant.

JEANNETON. Après ça, ce que j'en dis, moi, ce n'est pas que ça me tente.

AIR *du Cabaret.*

Dans mon hôtel où tant d'or brille
Vous savez comme je me plais,
Et, quoique je sois bonne fille,
Je préférerais ce palais.
A Trianon, j'irais sans gêne,
Mais, au moindre revers nouveau...
Comme madame Diogène,
Je reviendrais à mon tonneau.

LE VICOMTE. Voilà de la vraie philosophie. Mais vous devez être contente de moi, gentille comtesse? J'ai rendu votre sort égal à celui de la reine de France!

JEANNETON. C'est vrai, ça... La reine de France et de Navarre n'est pas plus brillante que moi... et dire que, dans ce bal, mon arrogante cousine aura une robe dont on n'a pas pu trouver la pareille!

LE VICOMTE. Ce n'est pas ma faute, j'espère!.. Pour satisfaire tes désirs de comtesse, j'ai envoyé un courrier à Lyon où cette étoffe avait été fabriquée, le métier en était déjà brisé... par ordre de la Dubarry... on t'a même rapporté le seul morceau qui restât de cette magnifique étoffe.

JEANNETON. Une aune trois quarts! que faire avec ça, je vous demande? J'ai pourtant une idée! oh! mais une idée!

LE VICOMTE. Voyons, voyons.... orientons-nous et sachons où nous en sommes et où nous allons..... Depuis trois mois, je n'ai reculé devant aucune folie... et nous voilà enfin, malgré tous les obstacles, dans ce bal de cour si impatiemment attendu... Voyons, maintenant, comment tu vas réaliser toutes nos espérances... A t'entendre, c'est aujourd'hui que nous devons porter le dernier coup à notre belle ennemie, en lui arrachant le masque orgueilleux qui la couvre... Ce serait même ici, ce soir, que je devrais recevoir de ta main mon brevet de maréchal de camp.

JEANNETON. Je tiendrai toutes mes promesses, car vous vous êtes conduit envers moi comme un franc et loyal gentilhomme.

LE VICOMTE, *gaîment*. Cela me coûte assez cher... trois cent mille livres en trois mois!

JEANNETON. Oh! ça va bien! ça va bien!

LE VICOMTE. Cela ne va que trop bien!

JEANNETON. Qu'est-ce que ça vous fait? nous serons vengés?..

LE VICOMTE. Tu as donc quelque secret particulier?

JEANNETON. Peut-être.

LE VICOMTE. Et tu ne veux pas me mettre dans la confidence?

JEANNETON. Non, car c'est un secret entre Jeanne et moi... mais, si elle ne s'humilie pas devant sa cousine, ce secret sera demain celui de toute la France.

LE VICOMTE. Mais tu t'imagines donc qu'on aborde aussi facilement la favorite?

JEANNETON. La favorite... je me ferai conduire devant elle par le roi lui-même.

LE VICOMTE. Tu oserais parler au roi?

JEANNETON. Je crois bien!.. j'ai aussi de bonnes vérités à lui dire à celui-là...

LE VICOMTE. Comment! au roi lui-même? (*A part.*) Où diable me suis-je fourré?

JEANNETON. Et avec votre brevet de maréchal de camp, il faudra qu'il me donne le congé de l'Espérance... ou qu'il dise pourquoi.

SCENE VIII.

LES MÊMES, L'ESPÉRANCE.

L'ESPÉRANCE. On a prononcé mon nom?

JEANNETON. Tiens!.. c'est lui!

L'ESPÉRANCE. Tiens!.. c'est elle!

LE VICOMTE, *à part*. Allons, je vais jouer ici mon rôle accoutumé...

L'ESPÉRANCE. Jeanneton!.. mon soleil de jour et de nuit... tu avais donc deviné que je ne peux pas aller à Paris, et tu viens à Versailles?

JEANNETON. C'est M. le vicomte qui m'y a amenée.

L'ESPÉRANCE. Merci, M. de Lauzun.

LE VICOMTE, *riant, à part*. Voilà un remercîment qui me coûte trois cent mille livres.

(Il remonte la scène et regarde le bal.)

JEANNETON. Non, monsieur l'Espérance, je suis franche... ce n'est pas pour vous que je suis à Versailles; mais je suis bien aise de vous rencontrer pour vous dire que nous allons nous marier un de ces jours.

L'ESPÉRANCE. Nous marier!... Merci, monsieur de Lauzun.

(Il lui baise la main.)

LE VICOMTE, *revenant*. Eh bien!.. ne te gêne pas...

L'ESPÉRANCE. Puisqu'il n'y a personne.

LE VICOMTE. Le drôle me compte pour rien... Allons, retirez-vous, monsieur le soldat, et respectez, jusqu'à la fin de son règne, Mme la comtesse du Tonneau.

(L'Espérance retourne à son poste.)

SCENE IX.

LES MÊMES, Mme DE SAINT-YON.

Mme DE SAINT-YON, *violemment agitée*. Qu'entends-je!.. votre comtesse dans mon bal!.. on ne m'avait donc pas trompée... Eh quoi! madame serait?...

JEANNETON. Jeanneton, la ravaudeuse... je m'en vante... surnommée la comtesse du Tonneau... je ne sais pas si je dois m'en vanter.

Mme DE SAINT-YON. Où en serais-je si l'une de mes femmes n'était venue m'annoncer cet odieux complot... Je lui ai recommandé le secret.... car, tout serait perdu, si Mme Dubarry.... Elle se rendait dans ce salon... par bonheur, elle est tombée au pouvoir de Dorat qui lui récite une de ses éternelles épîtres.

JEANNETON. Je vais lui en donner moi des épîtres!..

Mme DE SAINT-YON. Monsieur de Lauzun, vous comprenez que mademoiselle ne peut pas rester dans ce bal.

JEANNETON, *à part*. Encore une bégueule!

LE VICOMTE. Noble marquise, je croyais, je pensais!.. (*Haut.*) Je ne sais que lui dire...

(Acclamations.)

Mme DE SAINT-YON. Grand Dieu! c'est elle qui s'avance.... oh! de grâce, mademoiselle, entrez dans ce boudoir... une autre issue conduit au vestibule... Evitez la rencontre de Mme Dubarry...

JEANNETON. Est-ce que vous avez peur que je la mange?

Mme DE SAINT-YON. Ah! monsieur de Lauzun, votre comtesse est d'une naïveté...

(Elle remonte la scène.)

JEANNETON. Qu'a-t-elle donc à rire?... Est-ce que j'ai dit quelque chose qui ne se dit pas à la cour?

LE VICOMTE. Oh! non, non! à la cour tout se dit... excepté la vérité.

JEANNETON. C'est justement cela que je suis venue dire, moi...

(Nouvelles acclamations au dehors, musique.)

Mme DE SAINT-YON, *revenant du fond.* Partez!.. partez vite; voici Mme Dubarry.

LE VICOMTE. Allez, et faites place à votre rivale triomphante.

JEANNETON. Patience!... je vais avoir mon tour...

(Elle entre dans le boudoir. Lauzun sort par la droite.)

SCENE X.

Mme DUBARRY, Mme DE SAINT-YON, SEIGNEURS ET DAMES DE LA COUR.

CHOEUR.

AIR :

L'esprit, la grâce et la bonté
Sont l'ornement d'un rang suprême;
Et notre grand prince lui-même
Est le sujet de la beauté.

Mme DE SAINT-YON. Je suis dans des transes mortelles!..

Mme DUBARRY, *à qui Saint-Vallier donne la main.* J'avais besoin de venir ici respirer un moment!.. on étouffe dans la grande galerie.

Mme DE SAINT-YON. Ce qui ajoute à la chaleur, c'est que tout le monde tient à vous admirer de près... on vous entoure... on vous presse... on vous assiége.

LE CHEVALIER. Chacun veut pouvoir dire : Je l'ai vue!..

(Il s'éloigne.)

Mme DE SAINT-YON. Ajoutez que pour mettre le comble à l'empressement de la foule... l'étoffe de votre robe est comme votre personne... sans pareille!..

Mme DUBARRY. C'est une étoffe de Lyon faite exprès pour moi... et dont le métier a été brisé sur-le-champ... Cette fois du moins, je pourrai défier l'impertinente lutte... où ce petit vicomte de Lauzun s'est engagé... sa comtesse ne viendra pas d'ailleurs me chercher jusqu'ici.

Mme DE SAINT-YON, *à part.* Si elle savait que cette femme...

Mme DUBARRY. N'a-t-on pas osé répandre le bruit ridicule que cette créature était ma parente... ma cousine?.. heureusement, grâce à mes soins, cette calomnie n'est pas arrivée jusqu'au roi... mais ici... tout le monde a les yeux sur nous... et tout le monde cherche à nous entendre... l'espionnage est un plaisir de cour... entrons dans votre boudoir... j'ai à vous parler au sujet de cette affaire, vous savez?..

Mme DE SAINT-YON, *embarrassée.* Mon boudoir... mon boudoir... (*A part.*) Ah! mon Dieu! elle est peut-être encore là!

Mme DUBARRY. Nous pourrions y causer plus à notre aise... Je connais le secret de votre petite porte...

Mme DE SAINT-YON. De grâce!..

Mme DUBARRY. Comment! du mystère avec moi!

Mme DE SAINT-YON. Pardonnez...

Mme DUBARRY. C'est bien!.. c'est bien!.. je ne veux rien savoir. (*A part.*) Je parierais, que c'est ce mauvais sujet de Grammont qui trompe toutes les femmes... cette pauvre marquise!..

Mme DE SAINT-YON, *à part.* Cette pauvre comtesse!

Mme DUBARRY. Du reste, un mot suffira.. Avant que le roi vienne me rejoindre dans ce salon, dites-moi, avez-vous enfin reçu une réponse de M. le lieutenant de police?

Mme DE SAINT-YON. Ce soir même.

Mme DUBARRY. Eh bien?

Mme DE SAINT-YON. Après trois mois de recherches, on a découvert enfin la maison... où l'adversaire de Saint-Vallier s'était fait porter après le combat, mais la cassette que vous réclamez avait disparu, et n'a pu être retrouvée.

Mme DUBARRY. Et qu'est devenu l'imprudent jeune homme?

Mme DE SAINT-YON. Il est mort de sa blessure.

Mme DUBARRY. Mort!.. mort!.. grand Dieu!..

Mme DE SAINT-YON. Mon amie... d'où vient ce trouble? de grâce, songez où vous êtes, et remettez-vous.

Mme DUBARRY. Oui, oui, vous avez raison... il faut garder son visage de cour... il faut rire... quand on voudrait pleurer... (*Acclamations.*) Qu'est-ce donc, marquise?

Mme DE SAINT-YON. M. de Saint-Vallier va nous l'apprendre.

SCENE XI.

LES MÊMES, LE CHEVALIER.

Mme DE SAINT-YON. Pourquoi ces éclats de joie, chevalier?

LE CHEVALIER. C'est une gentille Circassienne que personne ne connaît, et qui intrigue tout le monde par ses propos indiscrets et ses joyeuses réponses... elle cherche, dit-elle, madame la comtesse...

Mme DUBARRY. Moi !.. ah! je devine... quelque aimable surprise que le roi a voulu me ménager.

LE CHEVALIER. Un domino mystérieux s'est chargé de la conduire auprès de vous.

Mme DE SAINT-YON, *à part.* Un domino... si c'était...

Mme DUBARRY. Nous allons la recevoir dans ce salon... mais pas trop de monde, je vous en prie.

SCENE XII.

LES MÊMES, UN DOMINO, JEANNETON, *suivie de* QUATRE ESCLAVES *portant des carreaux;* LE VICOMTE, *avec son masque,* COUR.

CHOEUR.

AIR :

Elle a quitté la Circassie
Pour venir nous divertir...
Que le plaisir, que la folie,
Sur sa trace fasse accourir!
Astre brillant d'orient, honneur!
A ton éclat, à ta splendeur!

JEANNETON, *à part.* Enfin, nous voilà en présence! ça n'a pas été sans peine... (*Bas à Lauzun, lui montrant le domino.*) Quand je vous disais que le roi m'amènerait près d'elle...

Mme DUBARRY. Cette gentille Circassienne vient d'un peu loin pour nous divertir... je ne veux pas être la dernière à la complimenter.

JEANNETON. Oui, complimente-moi, je te le conseille.

LE DOMINO. Elle a de l'esprit... et je ne sais quelle singularité dans le langage.... elle va nous raconter, m'a-t-elle dit, les aventures assez scandaleuses d'une haute et puissante dame... cela promet d'être piquant!

Mme DUBARRY. Eh bien! nous allons l'entendre... tout est permis dans un bal masqué.

LE VICOMTE, *bas à Jeanneton.* Songe à ne pas aller trop loin.

Mme DE SAINT-YON. Avancez donc un siége à la gentille Circassienne...

JEANNETON. Oh! merci!.. dans mon pays on s'assied par terre... et les jambes croisées... comme les tailleurs...

(On rit.)

Mme DUBARRY, *à part.* Cette voix ne m'est pas inconnue.

LE DOMINO. Son langage est fort original, n'est-ce pas?

Mme DUBARRY, *à part.* Quelle peut être cette femme?..

Mme DE SAINT-YON, *à part.* Ah! M. de Lauzun... M. de Lauzun!

JEANNETON. Mais avant que je commence... souvenez-vous, beau domino, que vous m'avez promis de me faire voir le soleil de Versailles.

LE DOMINO, *bas aux dames.* En effet, je viens de lui faire cette promesse.

Mme DUBARRY. De qui voulez-vous donc parler?

JEANNETON. Tiens!.. est-ce qu'il y a deux soleils à présent!.. je veux parler de Mme la comtesse Dubarry.

LE DOMINO, *vivement, montrant Mme Dubarry.* Voici celle que vous désirez voir.

LE VICOMTE, *bas à Jeanneton.* Comtesse, prends bien garde à toi!

JEANNETON, *de même.* Soyez tranquille! voici le moment de notre vengeance.

LE VICOMTE, *à part.* J'ai bien peur de ne pas rentrer chez-moi cette nuit.

JEANNETON. Ainsi donc, madame la sultane..... rose et soleil de Versailles, de Paris, etc., etc., ... puisque j'ai le bonheur de paraître devant votre hautesse, je vous demande la permission de vous raconter mon histoire... et celle d'une cousine... belle... oh! mais, belle comme vous... et comme moi!..

(On rit.)

Mme DUBARRY, *à part.* Elle pique vivement ma curiosité!..

LE DOMINO. Je voudrais bien voir sa figure... Priez-la donc, mesdames, d'ôter son masque.

Mme DE SAINT-YON, *à part*. Ciel!

Mme DUBARRY. Ah! oui, oui .. nous nous flattons, aimable étrangère, que vous ne nous déroberez pas plus long-temps ce joli visage.

JEANNETON. Oh! si cela vous fait bien plaisir... d'ailleurs, qui va me reconnaître ici... j'arrive de Circassie.

(Elle ôte son masque.)

Mme DUBARRY. Grand Dieu!... ma cousine!..

LE DOMINO, *aux courtisans*. Elle est charmante!.. (*A Mme Dubarry.*) Mais, ce n'est pas une dame de la cour... la connaissez-vous?

Mme DUBARRY. Non, non... mais son langage, ses manières... croyez-vous qu'il soit bien convenable?..

LE DOMINO. Sans doute... elle m'amuse.

Mme DUBARRY, *à Mme de Saint-Yon*. Marquise, cette femme est la créature de Lauzun!.. comment se trouve-t-elle chez vous?..

Mme DE SAINT-YON. C'est une horrible trahison!..

LE DOMINO. Aimable étrangère, nous voilà prêts à vous écouter.

Mme DUBARRY. Nous espérons que la piquante Circassienne que nous allons entendre se souviendra qu'il est ici d'autres usages que ceux de son pays, et que la cour de Versailles a des convenances que tout le monde doit respecter.

JEANNETON. Puisque je ne vais parler que d'une aventure arrivée en Circassie...

Mme DE SAINT-YON. Nous recevons votre promesse.

JEANNETON. C'était en l'an de grâce.... (*Le vicomte la frappe légèrement sur l'épaule.*) De Mahomet... 1760 ou 61... il y a cinq ans de ça... nous vînmes... ma cousine et moi... de Circassie à Bagdad... dans la cariole... d'un colporteur alsacien... qui vendait des turbans... de coton... nous avions quinze ans chacune... d'assez jolis yeux... beaucoup de fraîcheur... des sabots... et pas le premier sou... ce qui fait que nous nous mîmes à border des pantoufles et des brodequins... (*même jeu du vicomte*) turcs! ma cousine et moi, nous nous étions logées, rue de la Huchette (*même jeu*) à Bagdad... à six livres tournois par mois, hôtel du Grand-Croissant d'or... le numéro de l'hôtel, je l'ai oublié!.. le numéro de notre appartement... il n'en avait pas, attendu que c'était le grenier.

LE DOMINO, *à madame Dubarry*. Pauvre fille!

Mme DUBARRY. Où veut-elle en venir?

JEANNETON.

AIR *de la Catacoua.*

Nous étions au septième étage,
Nous n'avions qu'un lit pour nous deux,
Un seul gobelet en partage,
Une chaise, faute de mieux,
Deux assiett's de form' non pareille,
Sur une table en vieux noyer...
    Un sucrier,
    Pour encrier,
Pour rideaux blancs deux feuilles de papier,
Et pour miroir une bouteille,
Servant aussi de chandelier.

TOUS, *riant aux éclats*. Ah! ah! ah!

Mme DUBARRY, *bas à madame de Saint-Yon*. C'en est assez!

Mme DE SAINT-YON. C'est bien!... c'est bien, belle Circassienne!.. à la fin du bal nous entendrons le reste.

LE DOMINO, *à madame de Saint-Yon*. Pourquoi?... pourquoi?.. ce ton grotesque est fort divertissant... je veux entendre jusqu'au bout.

Mmes DE SAINT-YON *et* DUBARRY. Mais...

LE DOMINO. Parlez, mon enfant, parlez!

JEANNETON. A la bonne heure... car je ne peux pas rester ici jusqu'à demain, je pars cette nuit pour la Circassie, par le coche de Strasbourg... Or donc, beau soleil des eaux de Versailles et des cascades de Saint-Cloud, vous saurez que ma cousine fut d'abord courtisée par un joli garçon du ministère de la marine... (*même jeu du vicomte*) turque... toujours turque; mais elle ne l'écouta pas, attendu qu'il n'était que commis surnuméraire ou, pour mieux dire, sans numéraire.

Mme DUBARRY, *à part*. Oh! j'étoufferai!

JEANNETON. Enfin il arriva que ma cousine rencontra dans une promenade de Bagdad, au Luxembourg, je crois, un grand seigneur qui la trouva gentille... Il était tout reluisant d'or... ma cousine l'adora... et, un beau matin, elle me planta là; pour s'en aller avec le monsieur qui reluisait, qui l'épousa, à ce qu'on dit... et l'emmena à la cour.

LE DOMINO, *à madame Dubarry*. A la cour! de qui veut-elle donc parler?

Mme DUBARRY. Je ne devine pas...

LE DOMINO, *à Jeanneton*. A la cour de France?

JEANNETON. Eh! non... à la cour de Circassie... Quant à moi qui n'aime point par intérêt... je me fis ravaudeuse... dans le plus beau quartier de Bagdad... le faubourg Saint-Honoré... ma cousine avait un riche hôtel... moi j'avais un tonneau... encore pas tout entier ; c'était un tonneau coupé en deux... mais je ne me plaignais pas ; mon commerce allait assez bien, et je n'aurais jamais songé à quitter mon domicile de futaille... sans une circonstance que je veux vous dire... Cette cousine...

Mme DUBARRY, *se levant fièrement.* J'espère bien que vous n'oserez pas la nommer ici ?

JEANNETON. La nommer?... non!.. car elle me l'a défendu sous peine de m'envoyer à la prison de Bagdad... qu'on appelle Saint-Lazare... je lui ai obéi... je n'ai dit à personne que j'étais sa parente... sa cousine germaine ; mais je me suis faite comtesse... comtesse turque!... pour arriver jusqu'au calife... et, maintenant que le calife m'entend... car on m'a dit qu'il était ici... en domino rose... je lui dirai que cette cousine orgueilleuse se pavane dans une étoffe de Lyon, avec laquelle, moi, comtesse du Tonneau... j'ai à peine daigné me faire un tapis de pied!...

LE DOMINO. La comtesse du Tonneau!..

JEANNETON. Esclaves, portez ce tapis aux pieds de ma belle cousine, il lui servira pour raccommoder sa robe quand elle s'usera.

(Elle déploie le tapis.)

Mme DE SAINT-YON. C'est votre étoffe, comtesse !

Mme DUBARRY. C'en est trop !

LE DOMINO. Madame Dubarry ! quelle infamie !

Mme DUBARRY, *exaspérée, au domino.* Un ordre ! sire, un ordre ! ou je quitte Versailles à l'instant même.

ENSEMBLE.

AIR *de la Prova.*

D'une telle insolence
Hâtons le châtiment !
Il faut à ma vengeance
Un exemple éclatant !
De cette calomnie
Nous devons la punir;
Bientôt, je le parie,
La prison va s'ouvrir,

JEANNETON, *à part.*

Je ris de sa vengeance !
Et j'ai dû bravement
Punir son insolence
Et son air arrogant!

CHOEUR.

Une telle insolence
Mérite un châtiment !
Il faut à sa vengeance
Un exemple éclatant!
De cette calomnie
Le roi va la punir;
Bientôt, je le parie,
La prison va s'ouvrir.

(*Mme Dubarry sort seule, le domino suivi de toute la cour sort sur ses pas.*)

SCENE XIII.

JEANNETON, LE VICOMTE.

LE VICOMTE. Imprudente ! qu'avez-vous fait ?

JEANNETON. Je l'ai joliment arrangée, hein !

LE VICOMTE. Mais nous sommes perdus !... et la Bastille m'attend.

JEANNETON. Qu'est-ce que cela vous fait? nous sommes vengés !

LE VICOMTE. A présent, c'est à son tour !

JEANNETON. C'est ce que nous allons voir... (*Aux esclaves qui sont au fond.*) Esclaves, portez ce coffret à sa royale adresse.

(Les esclaves sortent.)

LE VICOMTE. Ce coffret, que renferme-t-il ?

JEANNETON. Le congé de l'Espérance et votre brevet de maréchal de camp que j'envoie à la signature du roi.

LE VICOMTE. Ce n'est plus le moment de plaisanter !... il ne nous reste que la fuite... et l'Angleterre, si nous pouvons y arriver.

JEANNETON, *s'asseyant.* Partez si vous voulez... moi, je me trouve bien ici ! et j'y reste... Tiens ! on est bien là-dessus.

LE VICOMTE. Elle a perdu l'esprit !... mais quel peut être ton espoir? Ne sais-tu pas que les vengeances de cour?.. il en est peut-être temps encore... viens, suis moi ! (*Il se retourne et voit la garde.*) Allons ! il est trop tard !

SCENE XIV.

LES MÊMES, UN SERGENT, *suivi de* L'ESPÉRANCE *et de* TROIS AUTRES SOLDATS.

LE SERGENT. Monsieur de Lauzun, un ordre du roi m'enjoint de vous demander votre épée et de vous conduire à la Bastille.

LE VICOMTE. Quand je disais que je ne rentrerais pas cette nuit chez moi !

(Il remet au sergent son épée.)

LE SERGENT, *à Jeanneton.* Vous, mademoiselle, je suis chargé de vous mener à Saint-Lazare.

JEANNETON, *a part.* Prends garde de le perdre

L'ESPÉRANCE, *à part*. Et dire que c'est moi qui dois la conduire en prison!

LE SERGENT. Partons, mademoiselle!..

JEANNETON. Impossible, mon beau guerrier... car j'attends ici madame Dubarry qui va venir me remercier...

(Le sergent s'éloigne et va parler à ses soldats.)

LE VICOMTE. Décidément la tête n'y est plus... mais, malheureuse fille, c'est sur le seuil même de Saint-Lazare, et après la scène que vous lui avez faite, que vous espérez fléchir notre ennemie!

JEANNETON. Bah! je la connais... elle va se rendre ici douce comme un agneau!

LE VICOMTE.

AIR *de la romance de la Fille du Danube*.

De notre favorite
Qu'un tel affront irrite
La cour tout interdite
A pu voir le courroux.

JEANNETON.

Elle va je l'espère,
Et malgré sa colère,
En ces lieux, pour me plaire,
Venir d'un ton plus doux.

LE VICOMTE. Venir...

Par quelle folle épreuve
Prouveras-tu cela?

JEANNETON.

Mais la meilleure preuve,
C'est que la voilà.

LE VICOMTE, *stupéfait*, *voyant venir Mme Dubarry*. La voilà!

JEANNETON. La voilà.

SCENE XV.

Les Mêmes, Mme DUBARRY.

LE VICOMTE. Ma foi! je n'y comprends plus rien!

Mme DUBARRY. Monsieur le vicomte, laissez-nous. (*Aux soldats.*) Eloignez-vous!

JEANNETON, *à part*. Comme elle commande aux troupes de terre et de mer!

L'ESPÉRANCE. Je croyais qu'elle m'aurait reconnu... physiquement parlant.

(Ils sortent tous.)

Mme DUBARRY. J'ai bien voulu, mademoiselle, me rendre auprès de vous.

JEANNETON. Merci de la complaisance...

Mme DUBARRY. Vous m'avez fait remettre... un coffret que j'avais égaré...

JEANNETON. Il s'égare tant de choses à la cour...

Mme DUBARRY. Écoutez! le temps presse... vous avez sans doute quelque chose à me dire?

JEANNETON. Avant de partir pour Saint-Lazare... j'ai voulu vous faire savoir que j'avais entre les mains de quoi vous y faire venir avec moi.

Mme DUBARRY, *à part*. Grand Dieu! (*Haut.*) Ce coffret renfermait des lettres?..

JEANNETON. Oh! mon Dieu, oui... des lettres adressées à ce pauvre Henri Duval... mort d'un coup d'épée que vous lui avez fait donner par un de vos...

Mme DUBARRY. Silence, malheureuse!.. ou je vous fais enfermer pour la vie!...

JEANNETON. Jeanne!... si je suis ici... c'est une preuve que je n'ai pas peur de toi.

Mme DUBARRY, *à part*. L'arrogante! (*Haut, appelant.*) Fareuil! (*Un valet qui était au fond s'approche.*) Portez cette bague au duc d'Argenson.

(Le valet sort.)

JEANNETON. Jeanne!.... nous sommes seules... Ecoutez-moi... Duval est mort... fugitif... proscrit, assassiné!.. Peut-être voulait-on le forcer à rendre ces lettres... que vous lui avez écrites dans un de ces momens où l'amour rend imprudentes, même les favorites des rois... Ces lettres, il m'a chargé, en mourant, de vous les rendre... et depuis long-temps vous les auriez... si vous ne m'eussiez traitée..... moi, la cousine germaine de ce pauvre Duval... avec une fierté que vous n'aviez pas eue pour lui... mais vous me direz qu'il était votre cousin... et que je ne suis que votre cousine.

Mme DUBARRY. Ces lettres... si vous avez eu l'indiscrétion de les lire... ne renferment rien, je suppose, qui puisse porter atteinte à mon honneur?

JEANNETON. A votre honneur? non!.. mais à votre crédit, à votre fortune... Il y a déjà long-temps que ces lettres sont écrites... et peut-être, depuis ce temps, vous en avez écrit tant de semblables, que vous ne vous rappelez plus ce que renferment celles-ci... une surtout... c'est la dernière!..

Mme DUBARRY. Et ces lettres... vous les avez toutes avec vous?..

JEANNETON, *à part*. Je te vois venir...

(*Haut.*) Serait-il bien prudent d'exposer tous ces gages à la fois?.. Un seul doit suffire... (*Lisant.*) « A mon bon Henri ! » C'est le nom de ce pauvre Duval. « Mon » bon Henri, mon véritable roi. » Votre véritable roi. « Vous savez aimer comme » Henri IV, vous, et vous méritez bien » mieux que mon roi de Versailles le sur- » nom de Bien-Aimé. Venez me voir ce » soir à mon petit pavillon... Fareuil vous » introduira dès que j'aurai congédié mon » royal et maussade maître... je ne vous » ferai pas attendre. Adieu, mon bon » Henri, mon véritable roi, votre Jeanne la » folle... de vous ! »

Mme DUBARRY. Jamais je n'ai pu écrire de pareilles infamies, et...

JEANNETON. Malheureusement, comme on dit... ce qui est écrit, est écrit !.. et pour dire de si jolies choses, on ne prend pas de secrétaire.

Mme DUBARRY, *avec hauteur.* Rendez-moi ces lettres !

JEANNETON. Oui... je vous les rendrai... je ne suis ici que pour ça... mais vous savez à quelles conditions.

Mme DUBARRY. Je les ai acceptées, mademoiselle, pour me délivrer d'une aussi cruelle ennemie que vous.

JEANNETON. Cruelle ennemie !... moi qui étais venue toute pleine d'affection et d'espérance, il y a trois mois, vous demander le congé d'un pauvre soldat qui voulait m'épouser... et que vous avez reçue avec tant de hauteur, de dureté !.. Votre ennemie ! moi qui depuis pouvais vendre ces lettres une fortune... à vos nombreux ennemis... à M. de Lauzun, surtout... que vous avez si injustement persécuté... Votre ennemie ! moi qui ai borné ma vengeance à l'emporter sur vous par des parures, des équipages, des étoffes... quand d'un mot je pouvais vous écraser.... car, lorsque le roi me donnait le bras, tout-à-l'heure (je savais que c'était lui) qui m'empêchait de lui dire comme vous : « La France, la Dubarry se moque de toi, et si tu en veux la preuve, la voici !»

Mme DUBARRY, *à part.* Je frémis en songeant au danger que j'ai couru. (*Le valet revient avec des papiers et les remet à la Dubarry.*) Ah ! ce bon d'Argenson ! voici ce que vous m'avez demandé.

(Elle lui donne les papiers.)

JEANNETON. Allons donc... j'en étais sûre... Voici vos lettres...

Mme DUBARRY. Ah ! je les tiens, à la fin !

JEANNETON. Tout y est bien !..

Mme DUBARRY, *après les avoir jetées au feu avec empressement.* Et maintenant que je ne vous crains plus, sortez à l'instant de cette demeure... Ces brevets arrachés par la ruse seront révoqués dès demain ! et je vais donner l'ordre...

JEANNETON. A votre aise !.. mais si c'est là comme vous tenez votre royale parole...

Mme DUBARRY, *radieuse.* Pauvre sotte... tu ne connais pas la cour...

JEANNETON. Oh ! si ! si ! je la connais... et c'est pour cela... (*montrant une autre lettre avec malice*) que j'avais gardé votre meilleure lettre... celle que vous adressiez à votre véritable roi...

Mme DUBARRY. Grand Dieu !

JEANNETON. Vous voyez, comtesse Dubarry, que la comtesse du Tonneau a plus d'esprit que toi.

Mme DUBARRY, *à part.* Elle a raison !..

JEANNETON. Je puis donc traiter de puissance à puissance... avec le cabinet de Versailles.....Veux-tu la guerre ?.. veux-tu la paix ?.. Tu ne me réponds pas...

AIR *des Laveuses du Couvent*

Le sort qui t'a fait grande dame
A mis, je le vois, dans ton âme,
Un orgueil qui change le cœur.
Quant à moi, je ne suis pas fière,
Et je viens à toi la première,
Malgré ton nom et ta grandeur. (*bis.*)
Jeanne ! (*bis.*)
Te souviens-tu de notre enfance ?
Jeanne !
Même après ta défense,
De nos beaux jours
Je me souviens toujours !
Toujours, oui, toujours !

Mme DUBARRY. Eh bien ! oui... (*à voix basse*) tu m'as vaincue !.... ma cousine... je suis coupable... bien coupable envers toi..... Tu peux me perdre..... mais je compte sur ta générosité, et je t'offre à tout jamais mon amitié..... la veux-tu ?

(Elle lui tend la main.)

JEANNETON. Oh ! si tu le prends sur ce ton-là... Jeanne... je te dirai... c'est moi qui ai tort..... d'être venue ici..... devant tout le monde... tiens... tiens... reprends cette lettre, et brûle-la comme les autres !..

Mme DUBARRY, *la prenant vivement.* Ah ! ma cousine !

JEANNETON. Je suis une bonne fille....je me mets à ta discrétion...

Mme DUBARRY, *à part.* Elle en a peut-être encore une... (*Haut.*) M'avoir fait une pareille scène... dans un bal, devant tout le monde... Que va penser toute la cour?..

JEANNETON. Il y a un moyen de tout réparer.

Mme DUBARRY. Comment?

JEANNETON. En mettant tous les torts de mon côté.

Mme DUBARRY. Ah!

JEANNETON. Ecoute... j'ai vu dans une comédie... un roi de France... celui qui est sur le Pont-Neuf, le grand-père de ton La France...

Mme DUBARRY. Henri IV?

JEANNETON. C'est ça même... Il disait à un gros joufflu qui se mettait à genoux devant lui... Relevez-vous donc, mon garçon, on croirait que je vous pardonne. Moi... je vais me mettre à tes genoux devant toute la cour... et tu me pardonneras, Jeanne... ça te fera encore honneur.

Mme DUBARRY, *à part.* Quelle leçon!..

(Musique.)

JEANNETON. On vient! reprends ces papiers... (*elle lui donne les brevets*) tu me les rendras devant tout le monde, si tu veux... quant à tes lettres, sois tranquille, je n'en ai plus... foi de Jeanne!.. Les voici!.. (*elle se met à ses genoux.*) Tu le vois... je suis à mon rôle... c'est à toi de faire de ceci un drame ou une comédie.

(Pendant tout ce qui précède, la musique a continué. Ici les portes du fond s'ouvrent et tout le monde reparaît.)

SCENE XVI.

LES MÊMES, Mme DE SAINT-YON, LE VICOMTE, L'ESPERANCE, LA COUR, *excepté le* DOMINO.

CHOEUR.

AIR :

Elle implore sa clémence,
Qui pourrait s'en étonner?..

Mme DUBARRY.

Peux-tu parler d'indulgence?
C'est à toi de pardonner...

CHOEUR.

Va-t-elle nous le donner,
Cet exemple d'indulgence?
Auprès d'un roi si bon
Qui n'apprendrait le pardon?

JEANNETON

Soyez moins sévère,
Ah! que ma prière
Calme votr' rigueur,

(*A part.*)

Malgré moi, j'ai peur.

Mme DUBARRY.

Je suis toujours bonne!
Me laissant fléchir,
Ici, je pardonne
A ce repentir!

CHOEUR.

Honneur à l'indulgence;
A la clémence,
Bonté, raison, douceur;
D'un noble cœur
C'est l'apanage
Et le doux partage.
Quel jour de bonheur!

Mme DUBARRY. Marquise!.. je suis satisfaite des explications... de cette jeune fille, et je la remercie de m'avoir mise à même de réparer quelques injustices. Approchez, monsieur de Lauzun... notre paix est faite.. en voici le traité!

JEANNETON. En voici le traité.

LE VICOMTE. Ma nomination au grade de maréchal de camp... Madame, je suis confus... (*Bas à Jeanneton.*) Ah çà! tu es donc sorcière?

JEANNETON, *bas, en riant.* Non, je suis femme!.. et maintenant que mon règne est fini, je renonce à toutes mes grandeurs qui n'étaient que de la fumée... je redeviens Jeanneton Duval, et j'épouse mon dieu Mars, physiquement parlant.

Mme DUBARRY. Eh quoi! Jeanneton, c'est là que se bornerait votre ambition?

JEANNETON. Une honnête fille n'a que sa parole... Monsieur l'Espérance?..

L'ESPÉRANCE. Présent!

JEANNETON. Avancez à l'ordre!.... Le roi vous donne votre congé..... moi, je vous prends à mon service... par-devant notaire.

L'ESPÉRANCE. Me voilà le cousin du roi! (1)

JEANNETON. Maintenant, la comtesse du Tonneau va quitter Versailles et la cour pour rentrer dans son petit domaine en plein vent. Adieu, madame la comtesse, adieu, messeigneurs... si vous avez besoin de mes petits talens, vous savez mon adresse: Rue de Suresne, vis-à-vis l'hôtel Saint-Yon. Quant à vous, monsieur de Lauzun, plus de coupures à vos bas de soie, car nous ne ferions peut-être plus, l'un et l'autre, de reprise aussi heureuse que celle-ci. Allons, monsieur l'Espé-

(1) A Paris, la pièce finit ici; le chœur suit immédiatement.

rance, rappelez mes porteurs et ma chaise... de la rue de Suresne... afin qu'on puisse dire ce que disait cette autre : Jeanneton s'en alla comme elle était venue !..

CHOEUR.

AIR :

Célébrons ce beau jour !
Il doit faire époque à la cour...
Dans ce brillant séjour,
La douce folie
S'est unie aux grandeurs, à l'amour !
Vive la belle Dubarry !
Qui, comme un roi chéri,
Sait pardonner aussi.

JEANNETON, *au public.*

AIR *des Caquets.*

Vous le savez, je ne suis pas fière..
Et dans cette salle avec plaisir,
Grisette, princesse ou fermière,
Moi, j'aime à me voir applaudir
Par les boutiquiers,
Et par les rentiers,
Les ambassadeurs,
Ou les fournisseurs...
Par les bijoutiers,
Et par les banquiers,
Par les imprimeurs
Et par les auteurs ;
Un bravo me plaît,
V'nant d'une ouvrière,
D'la femme d'un préfet,
Il m'fait même effet ;
Plaire à tous les rangs
Voilà mon affaire ;
J'veux rendre contens
Les p'tits et les grands...
Mais, quant aux sifflets,
De tous je les hais,
Et, je le promets,
Je n'en veux jamais.

CHOEUR.

Célébrons ce beau jour, etc.

FIN.

IMPRIMERIE DE Ve DONDEY-DUPRE, RUE SAINT-LOUIS, N° 46, AU MARAIS.

www.ingramcontent.com/pod-product-compliance
Ingram Content Group UK Ltd.
Pitfield, Milton Keynes, MK11 3LW, UK
UKHW021047260726
13994UKWH00005B/2387

9 782329 348810